CW01192367

CHAPITRES DE LA BIBLE POUR ENFANTS

Dieu est bon

© 2015 iCharacter Ltd.

Toute occasion est bonne pour parler de mon Dieu, pour dire combien il est merveilleux.

" Je bénirai l'Éternel en tout temps ; sa louange sera toujours dans ma bouche. "
(verset 2)

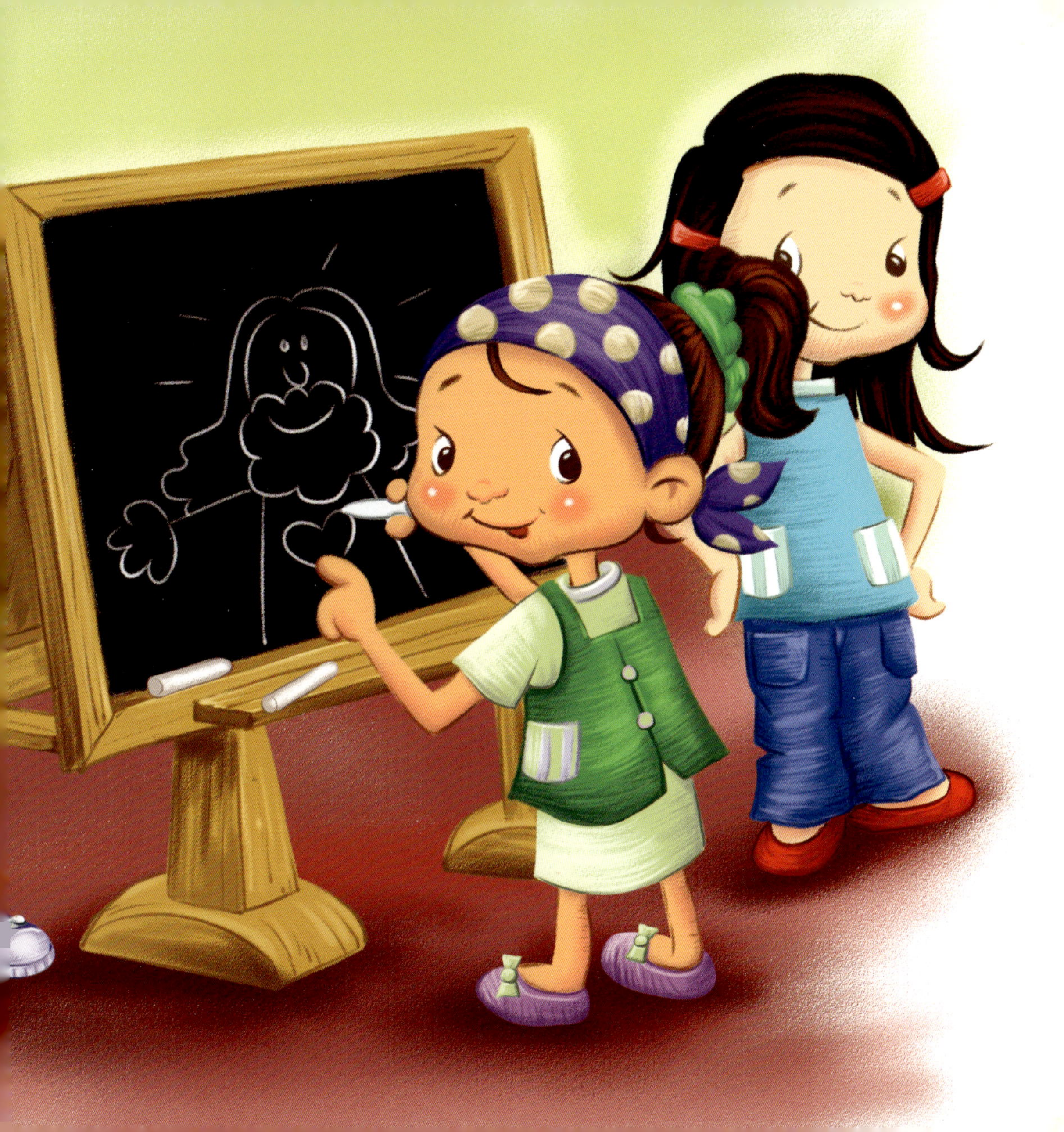

Quand je me sens faible ou malade, je sais que par sa puissance, Dieu me redonne des forces.

" Que mon âme se glorifie en l'Éternel ! Que les malheureux écoutent et se réjouissent ! "
(verset 3)

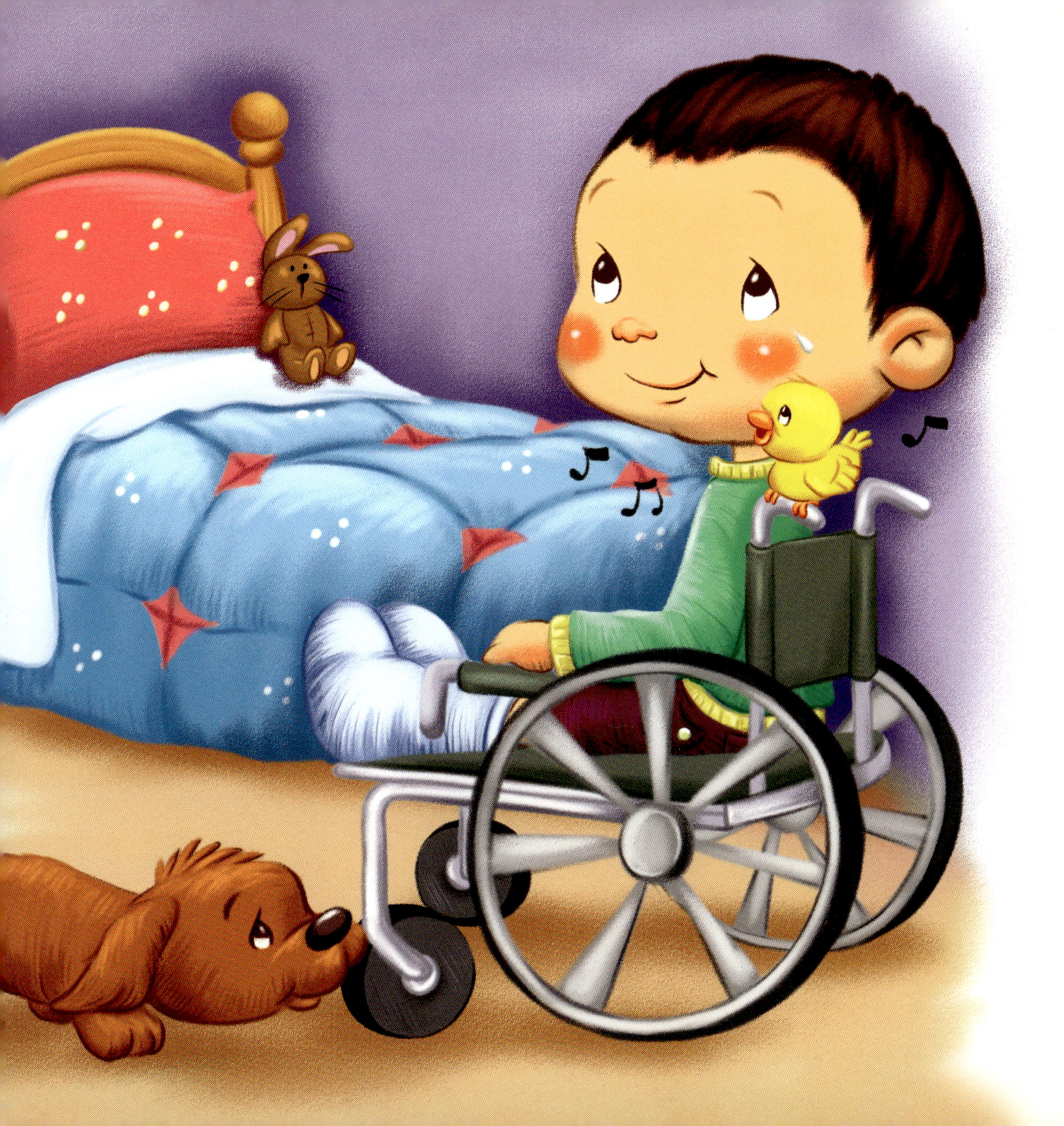

Allez ! Louons
le Seigneur
tous ensemble,
et chantons sa
grandeur !

" Exaltez avec moi l'Éternel !
Célébrons tous son nom ! "
(verset 4)

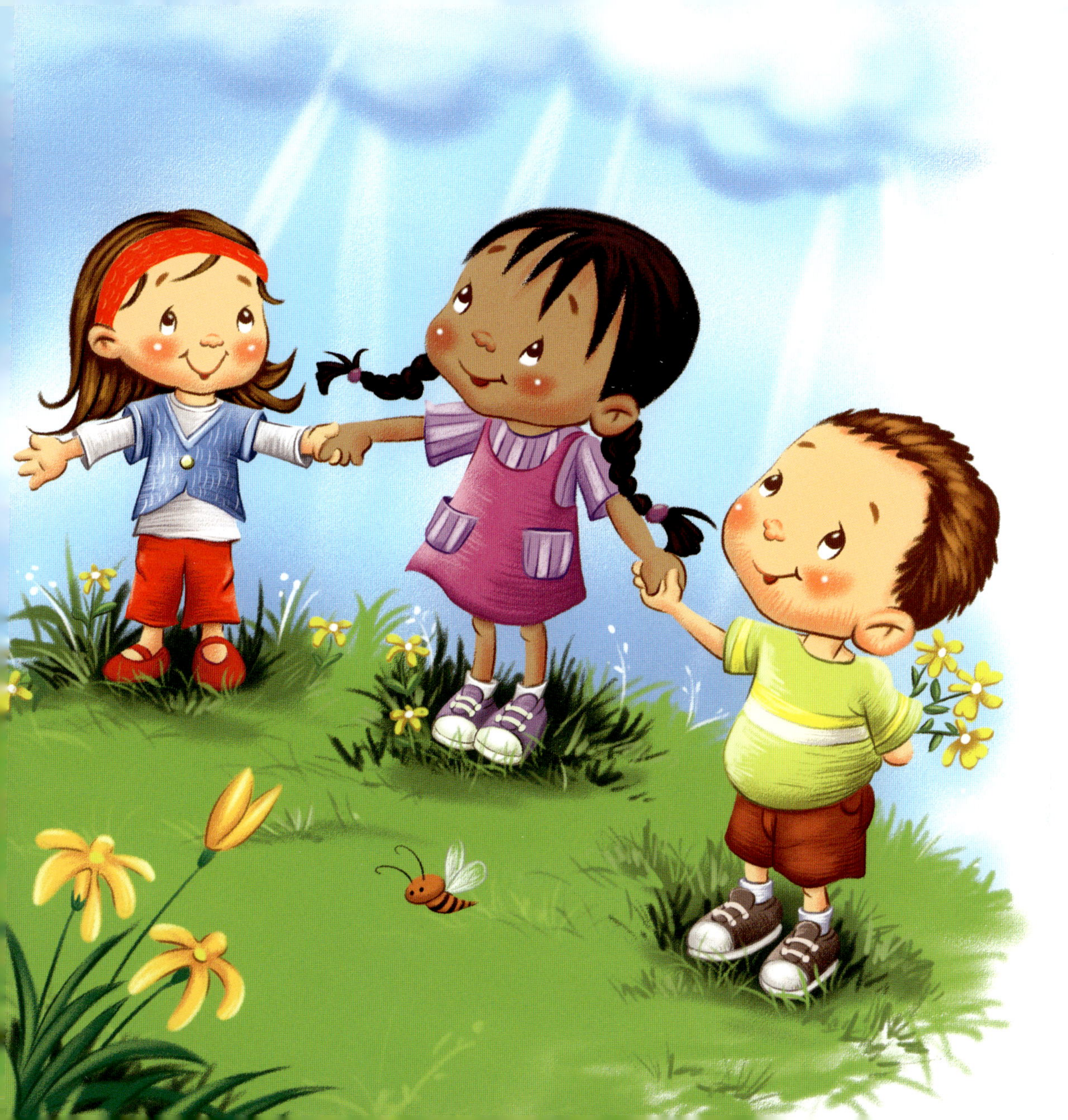

Quand je prie
le Seigneur,
il m'entend,
il m'écoute,
et ma peur
s'envole.

" J'ai cherché l'Éternel, et il m'a répondu ; il m'a délivré de toutes mes frayeurs. "
(verset 5)

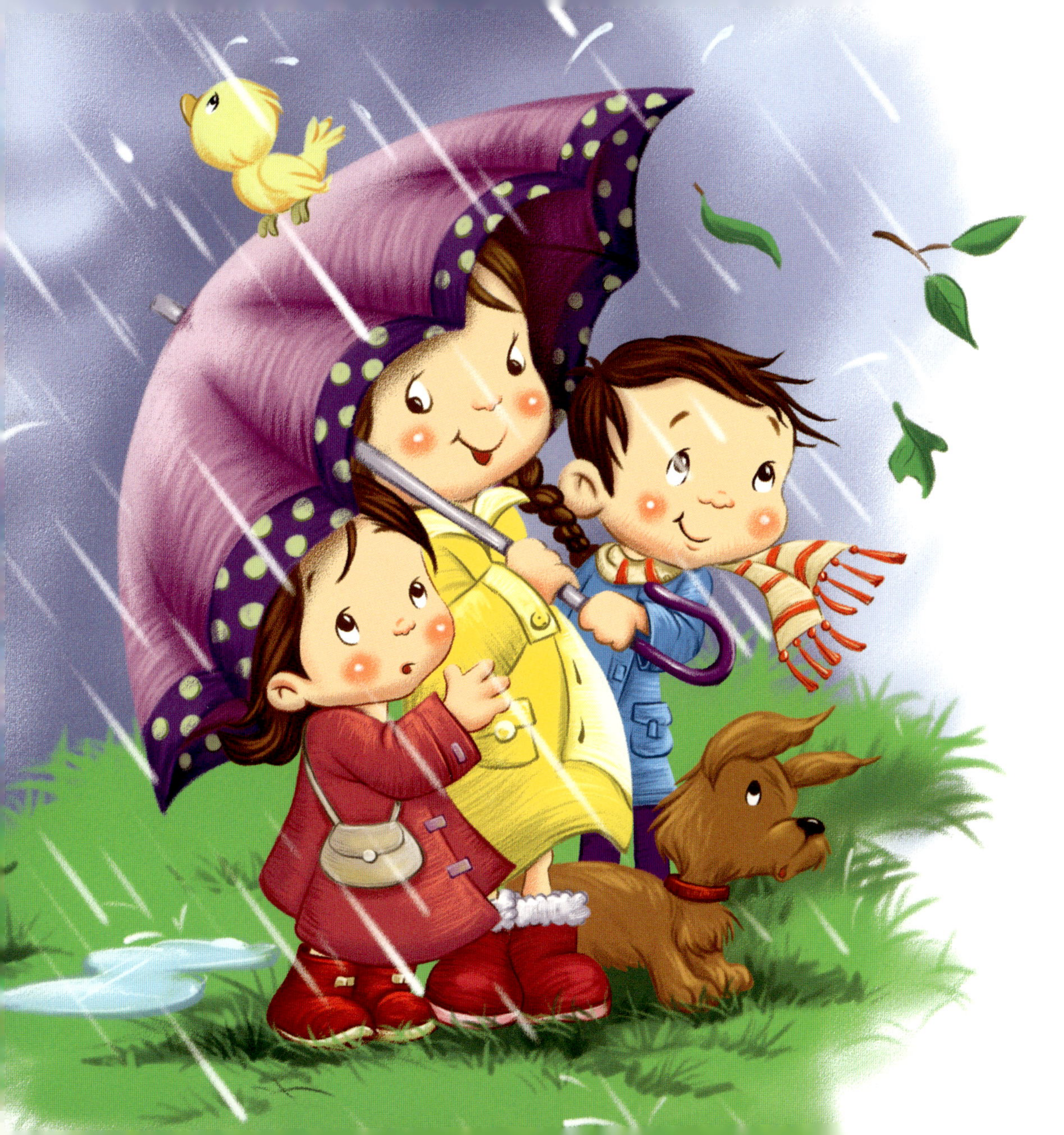

Quand Dieu est
dans ma vie et
que ça se voit,
je me sens tout
fier de moi.

" Quand on tourne vers lui les regards,
on est rayonnant de joie, et le visage
ne se couvre pas de honte. "
(verset 6)

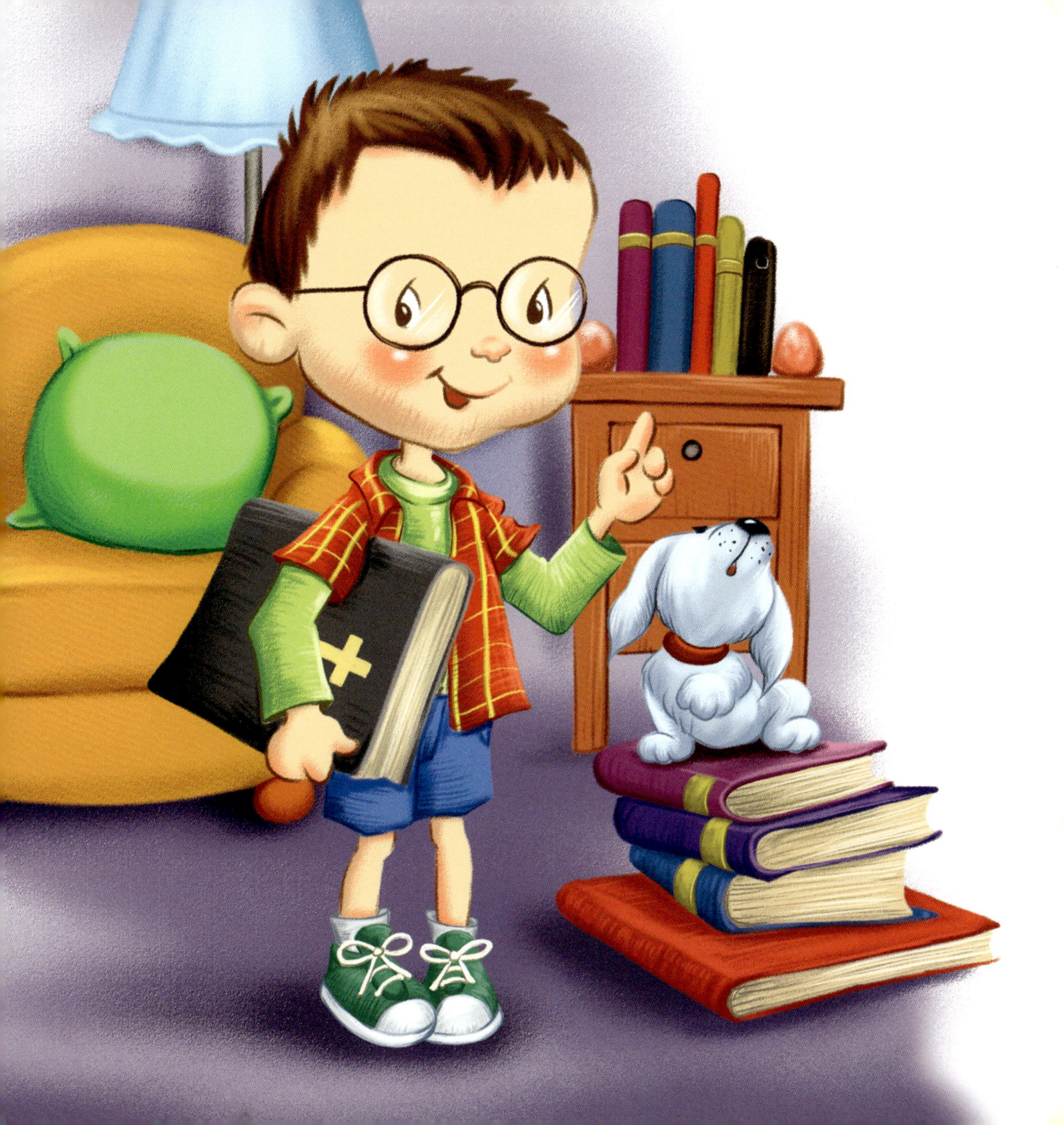

Quand j'ai des soucis ou des problèmes, si je prie, je sais que Dieu m'aidera.

" Quand un malheureux crie, l'Éternel entend, et il le sauve de toutes ses détresses. "
(verset 7)

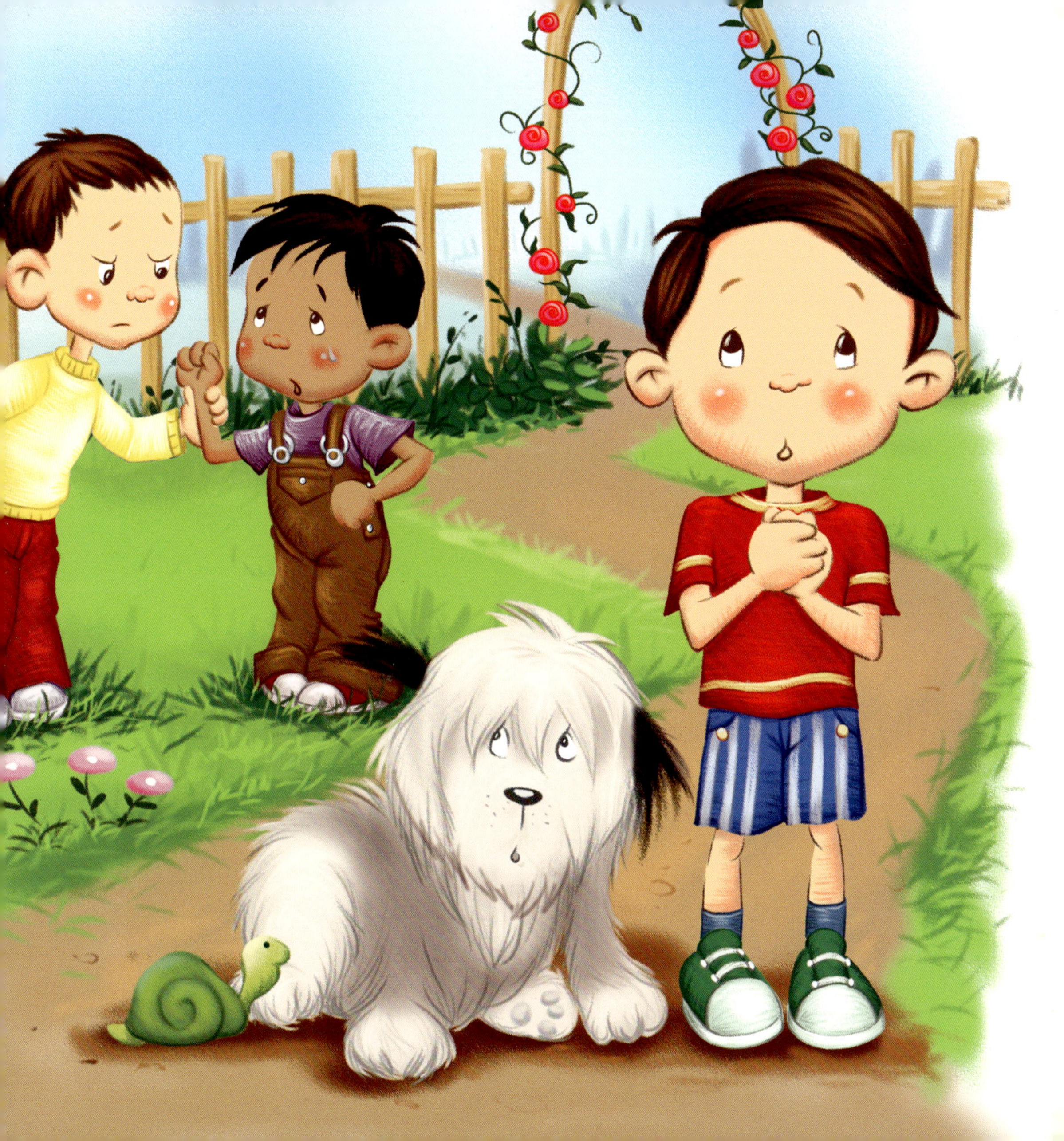

Les anges de Dieu sont là, tout autour de moi, pour me protéger.

" L'ange de l'Éternel campe autour de ceux qui le craignent, et il les arrache au danger. "
(verset 8)

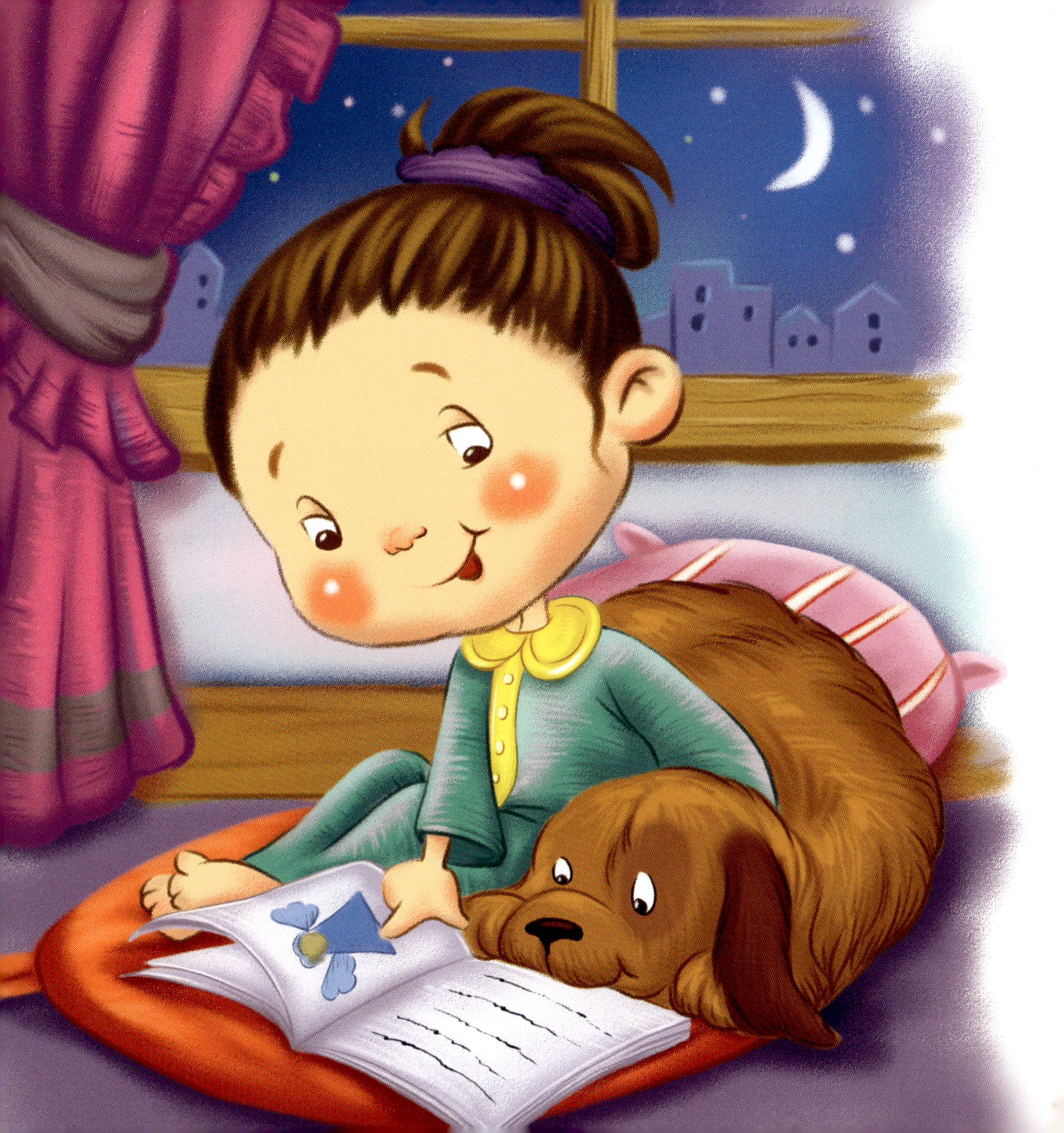

Mes cinq sens me rappellent chaque jour combien Dieu est bon, combien il prend soin de moi.

" Sentez et voyez combien l'Éternel est bon ! Heureux l'homme qui cherche en lui son refuge ! "
(verset 9)

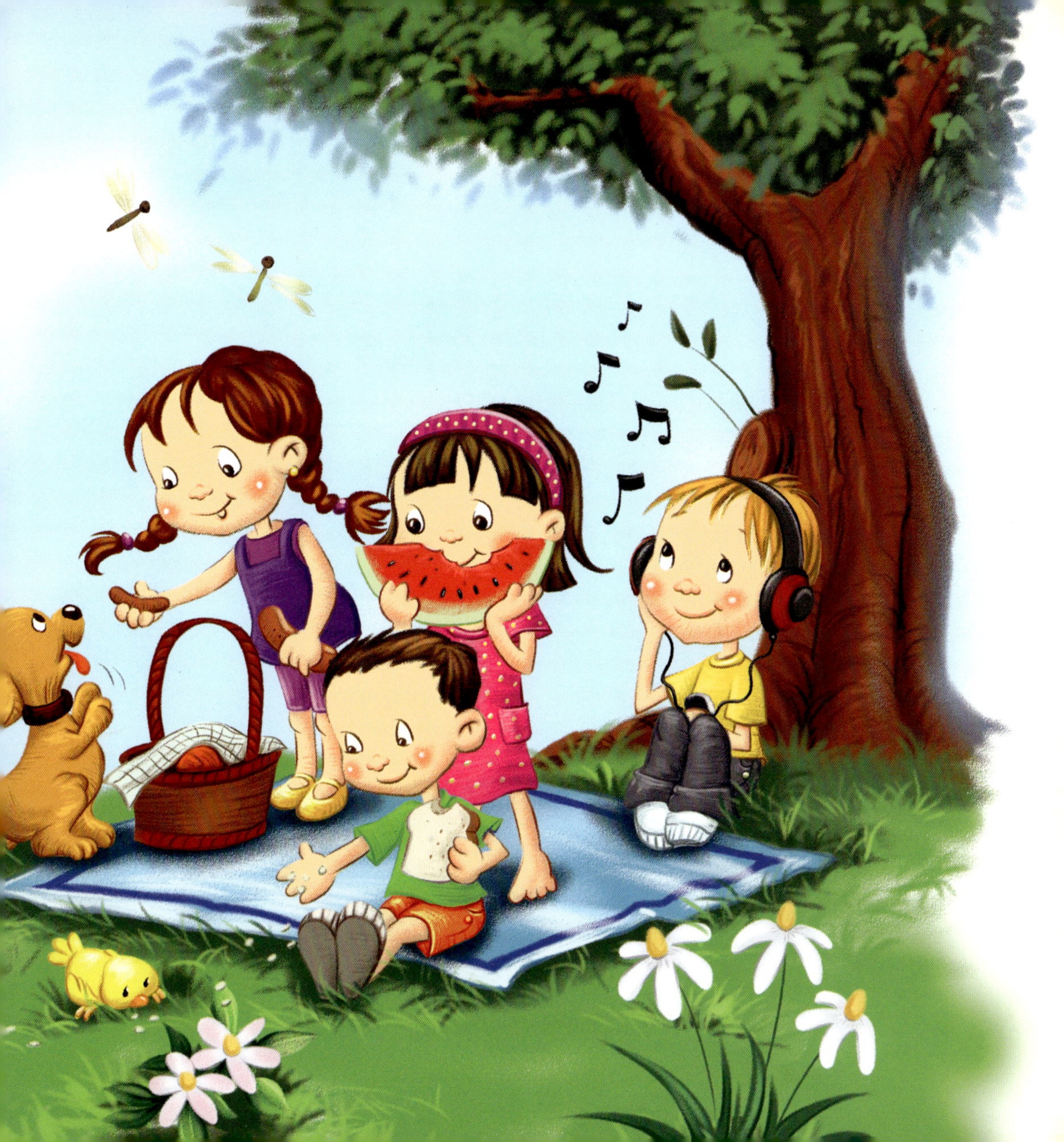

Je respecte le Seigneur qui est si grand : il s'occupe si bien de moi qui suis tout petit.

" Craignez l'Éternel, vous ses saints ! Car rien ne manque à ceux qui le craignent. "
(verset 10)

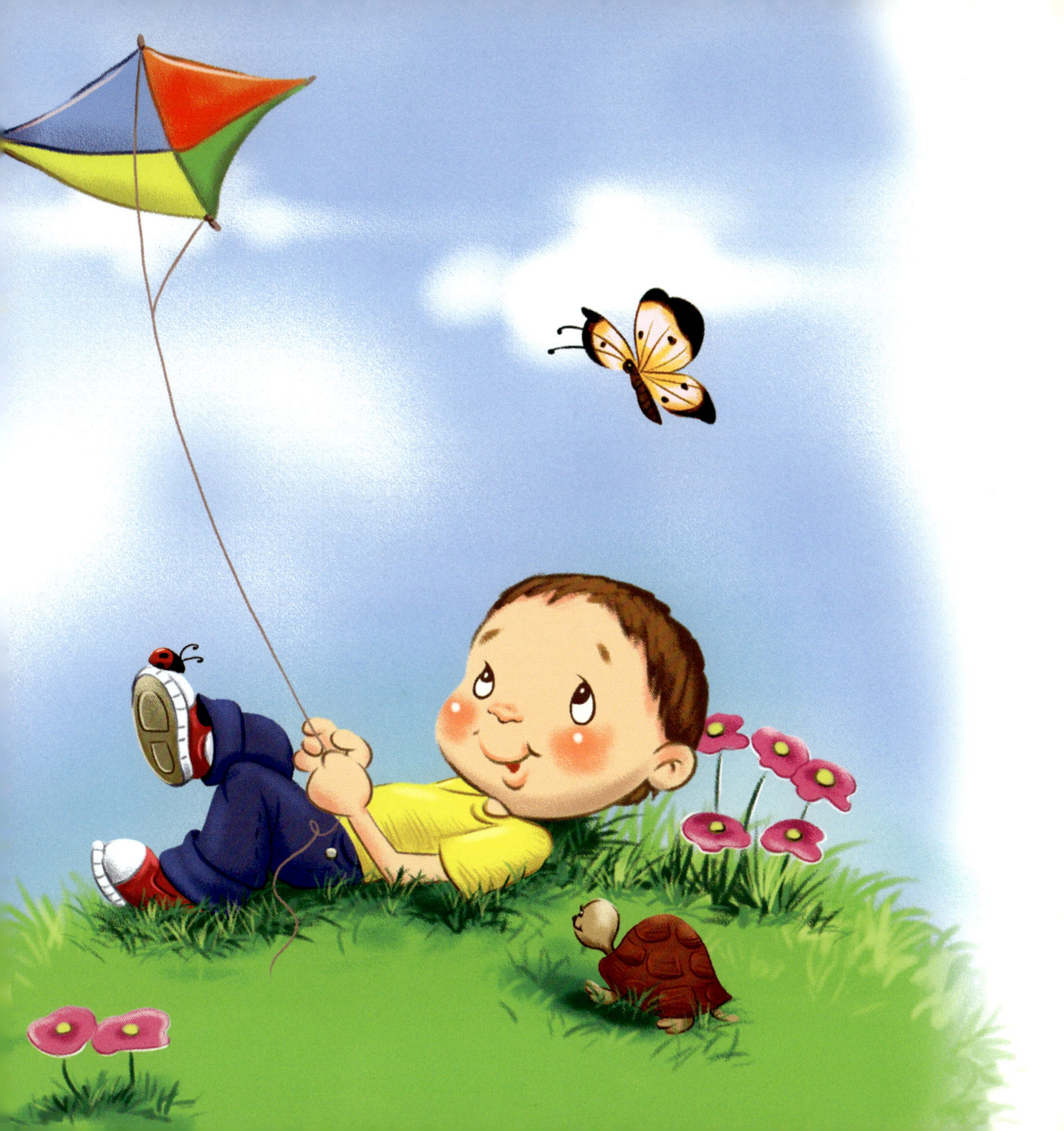

Parfois, même le roi des animaux a un petit creux et ne trouve rien à manger. Mais rien ne manque jamais à ceux qui prient Dieu.

" Les lionceaux éprouvent la disette et la faim, mais ceux qui cherchent l'Éternel ne sont privés d'aucun bien. "
(verset 11)

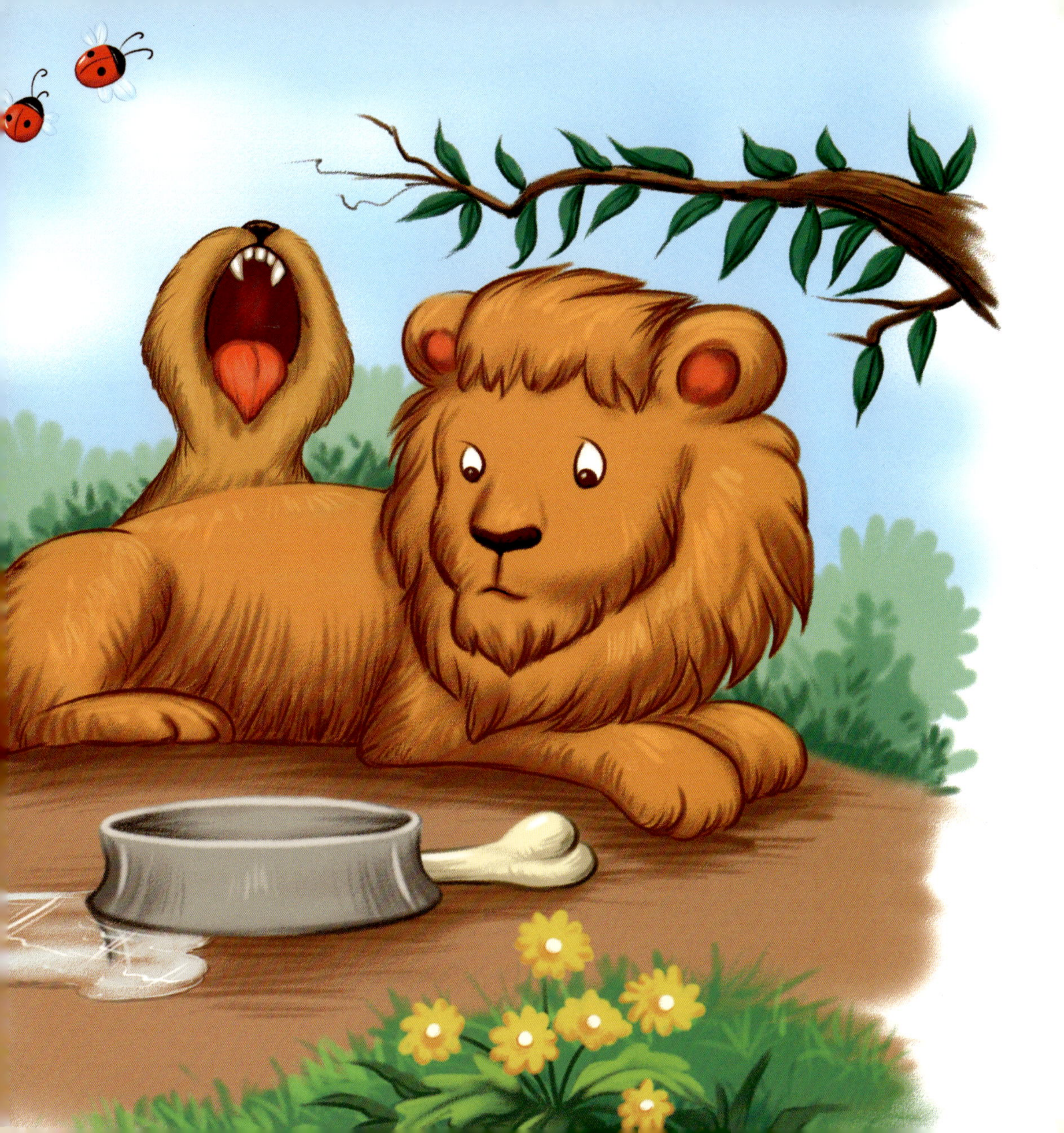

J'aime lire ma Bible.
Elle m'apprend à
louer le Seigneur et
à vivre pour lui.

" Venez, mes enfants,
écoutez-moi ! Je vous enseignerai
la crainte de l'Éternel. "
(verset 12)

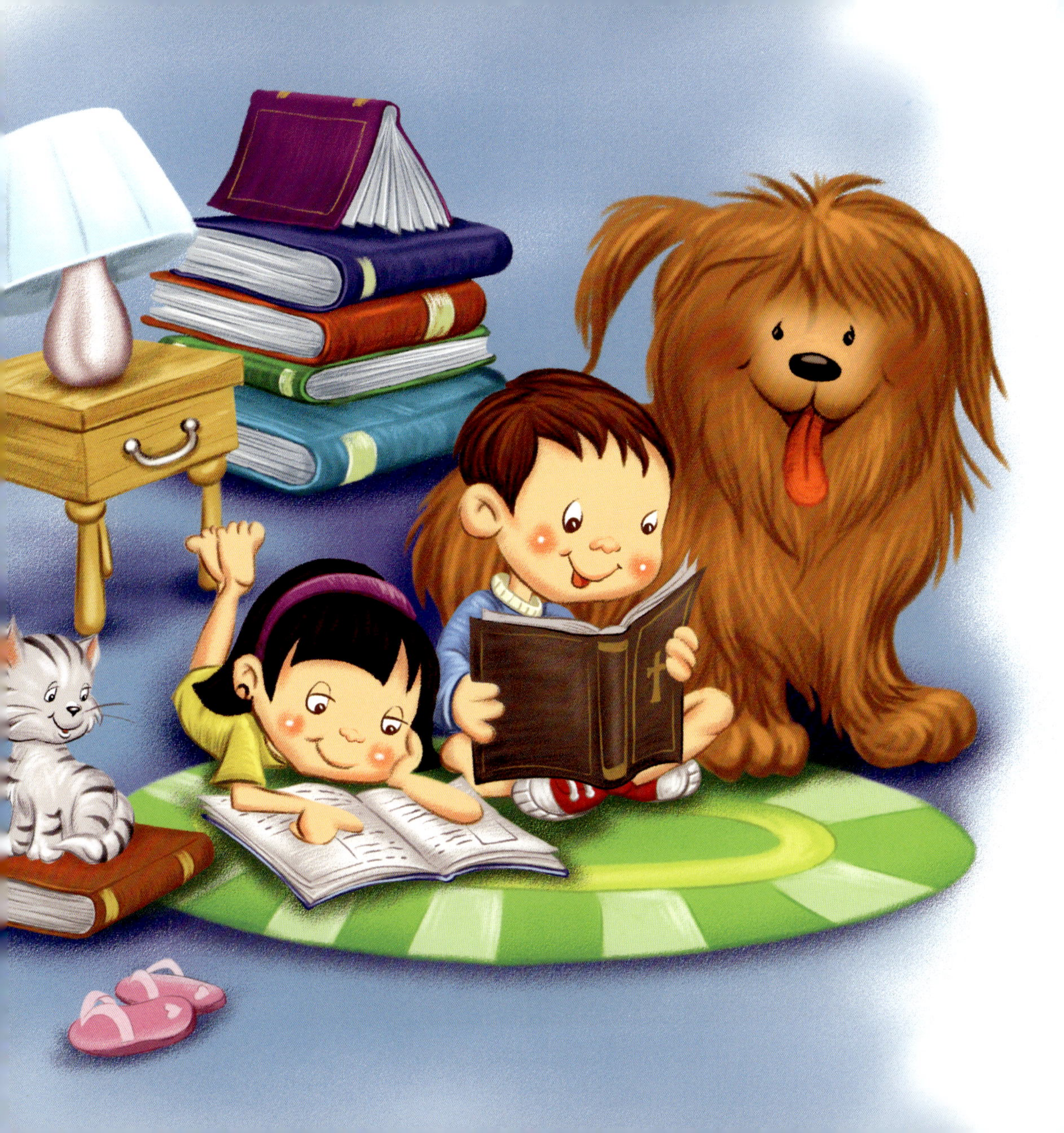

Moi, ma vie, je voudrais qu'elle soit belle et heureuse : alors je m'efforce de ne pas dire du mal des autres...

" Qui voudrait vivre longtemps et heureux ? Pour cela, préserve ta langue du mal... "
(verset 13, 14a)

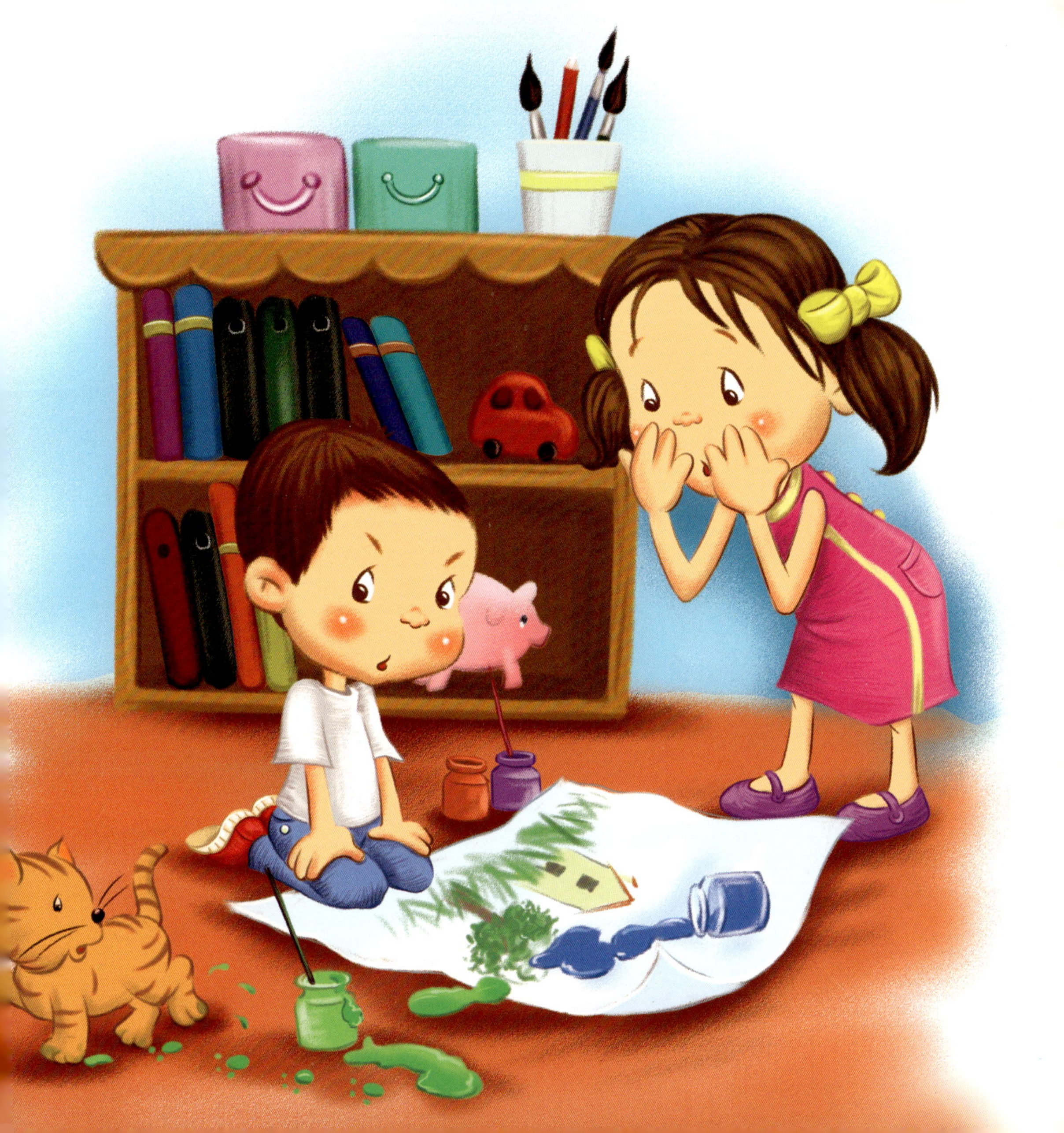

Ah, et j'essaie aussi de toujours dire la vérité. Même si c'est dur parfois.

" ... Et tes lèvres des paroles trompeuses. "
(verset 14b)

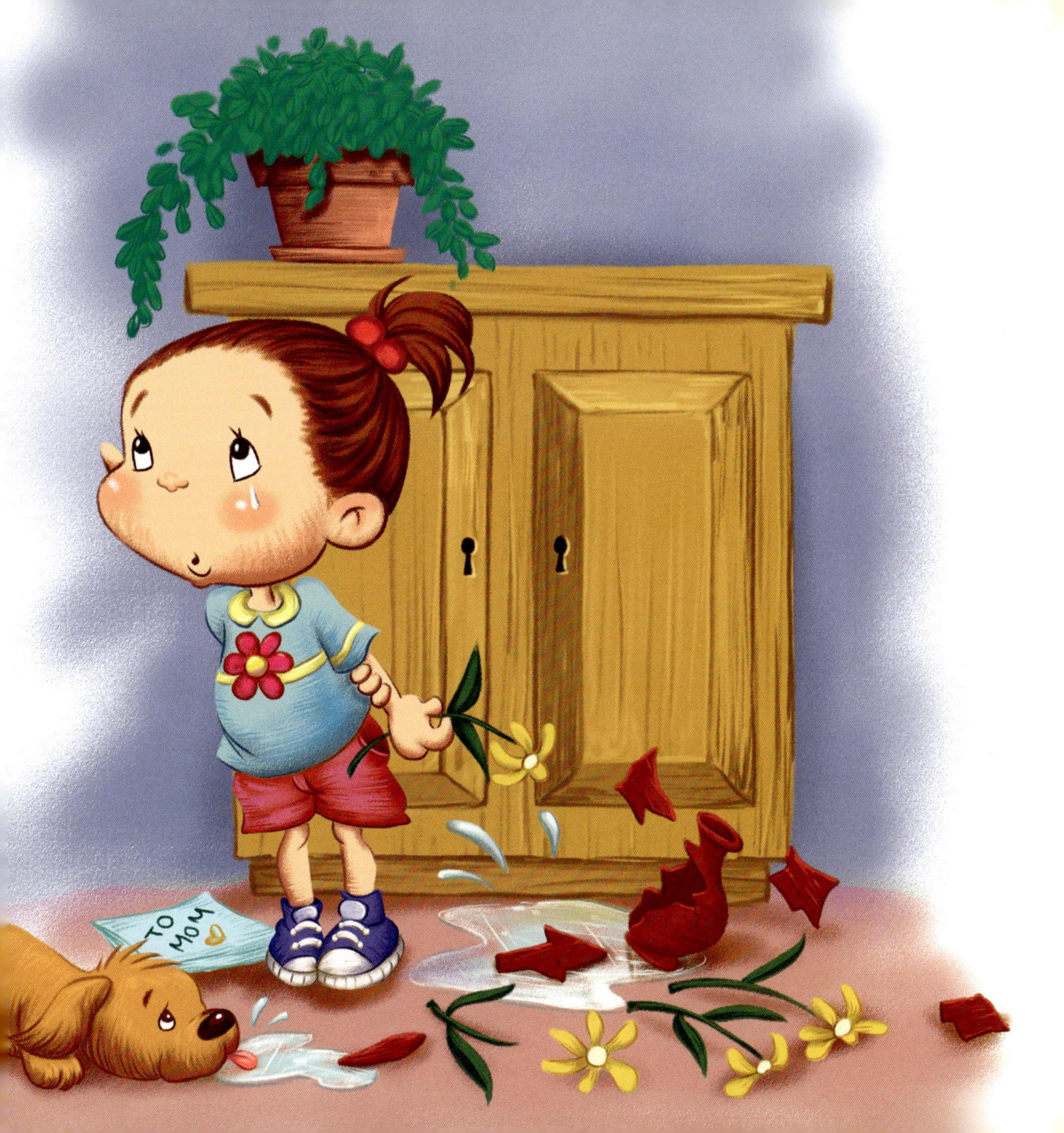
TO MOM

Comme je veux bien faire, je fais tout mon possible pour être gentil avec les autres.

" Eloigne-toi du mal, et fais le bien ; recherche et poursuis la paix. "
(verset 15)

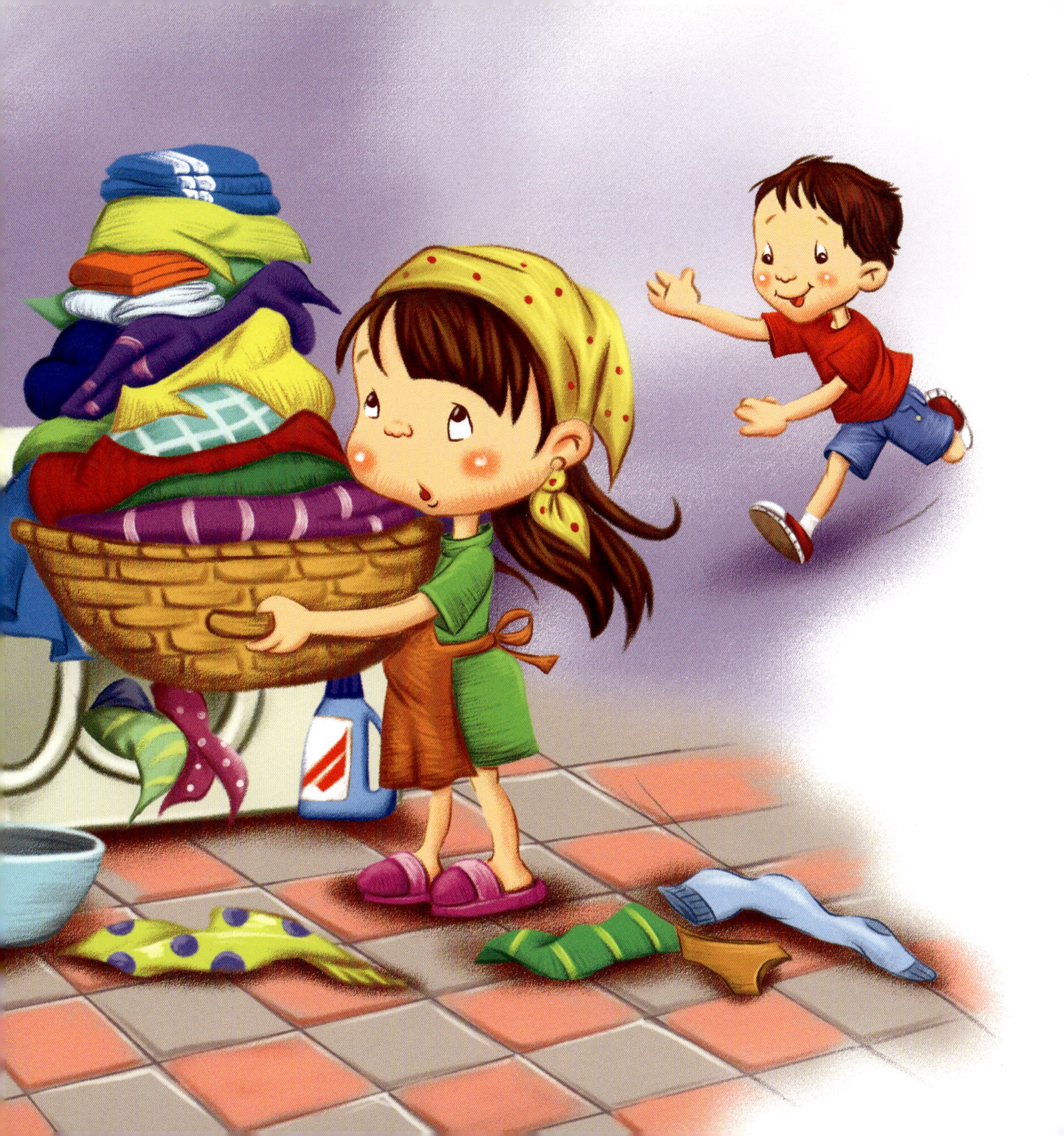

Dieu ne me quitte pas des yeux, il est là quand j'ai besoin de lui.

" Les yeux de l'Éternel sont sur les justes, et ses oreilles sont attentives à leurs cris. "
(verset 16)

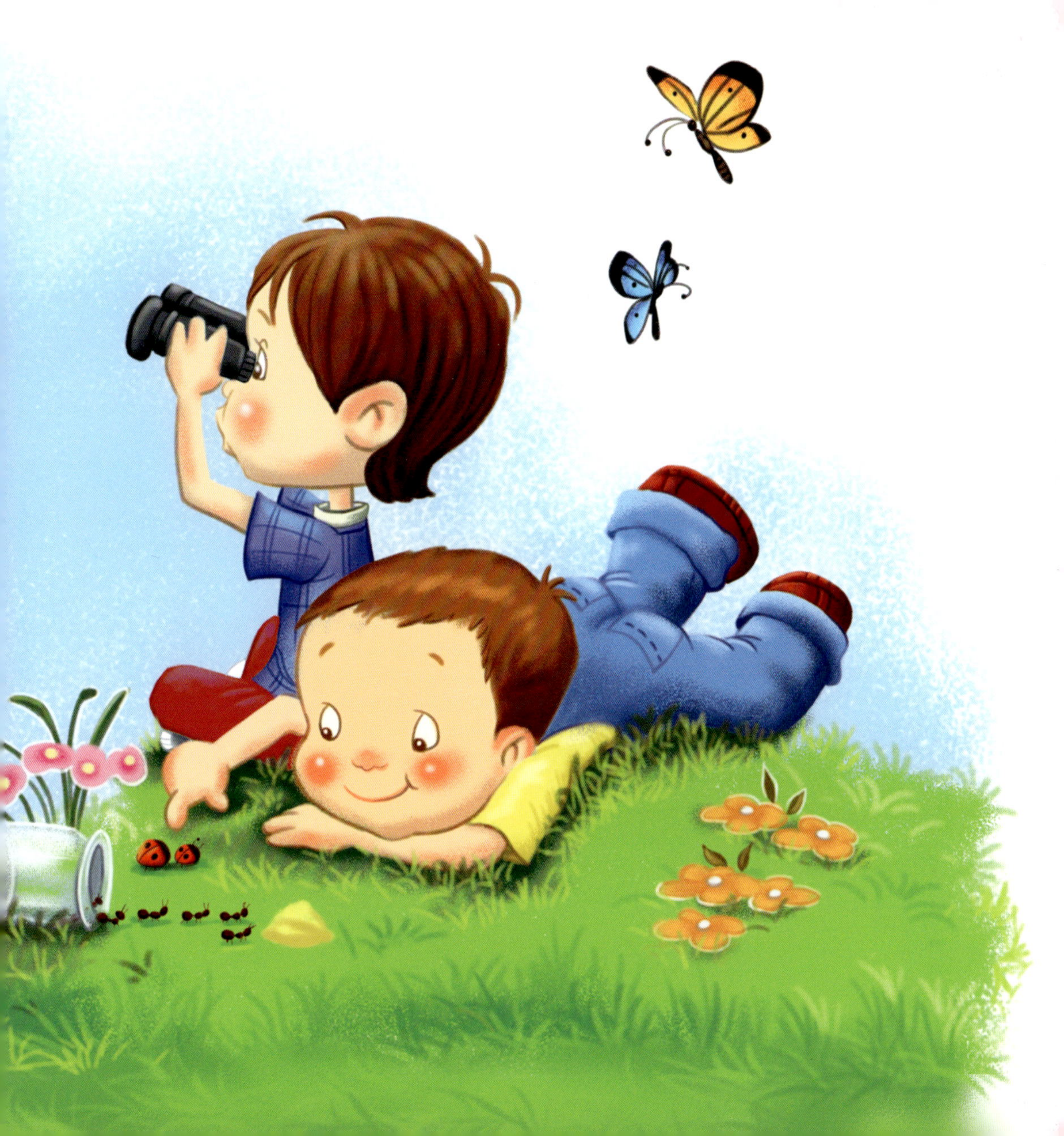

Faites connaître nos productions à vos amis.

Rendez-nous visite sur le site : www.iCharacter.eu

Vous trouverez également nos livres sur iBookstore, Kobo, Kindle et Google Play. (Recherchez iCharacter)

Regardez-nous sur You-Tube.
www.youtube.com/icharactervideos

www.iCharacter.eu
ISBN 978-1-62387-988-4
Illustrations : Agnès de Bézenac
Mise en couleur : SPORG Studio
Texte : Agnès et Salem de Bézenac
Traduit de l'original anglais par : Elody Barret

Publié par iCharacter Ltd. 6-9 Trinity Street, Dublin 2, Irlande.
Loi n° 49-956 du 16 juillet 1949 sur les publications
destinées à la jeunesse. Dépot Juillet 2015.
Copyright 2015. Tous droits réservés.
Imprimé en Pologne - Bernardinum.
Version de la Bible : LSG
Dépôt légal Juillet 2015

iCHARACTER

Copyright © 2015 Agnès et Salem de Bézenac. Tous droits réservés. Aucune partie de ce livre ne peut être reproduite sous quelque forme que ce soit, y compris par les moyens électroniques ou mécaniques, les systèmes de stockage de l'information et de récupération, sans autorisation écrite de l'éditeur ou de l'auteur, sauf s'il s'agit de la citation de brefs extraits dans le cadre d'une revue de presse.